AF307746

Bibliografische Informationen der Deutschen Nationalbibliothek: Die Deutsche Nationalbibliothek verzeichnet diese Publikation in der Deutschen National-bibliografie, detaillierte bibliografische Daten sind im Internet über dnb.dnb.de abrufbar.

© 2023 Juri Reisner - Indevisio Kft. – www.indevisio.com
Herstellung und Verlag: BoD - Books on Demand, Norderstedt

ISBN: 9783758321900

Kochen wie Papa

Ein kleines Kochbuch für unsere Großen

Rezeptverzeichnis

Kartoffelsuppe mit Würstchen

Für die Suppe:

1 kg	Kartoffeln
2-3	Karotten
1 kleine	Knollensellerie
1-2	Lauchstange(n)
1,5 L	Brühe (Fleisch)
30 g	Butter
150 g	Speck/Schinken
2 Prisen	Muskatnuss
	(frisch gemahlen)
1	Lorbeerblatt
	Pfeffer & Salz

Zum Schluss:

4 Paar	Wiener
1 Bund	Petersilie
	(kleingehackt)
100 g	Crème fraîche

Für ca. 4 Personen (ca. 25 Min. + ca. 40 Min. Kochzeit)

1. Kartoffeln, Karotten und Knollensellerie waschen, schälen und in kleine Würfel schneiden.

2. Die Lauchstange längs einschneiden/putzen, waschen, das grüne Ende abschneiden und den Rest in dünne Scheiben schneiden.

3. Den Schinken/Speck in kleine Würfel schneiden.

4. Butter in einen großen Topf geben, erhitzen und den Speck/Schinken darin anbraten.

5. Nun die geschnittenen Kartoffeln, Karotten, Knollensellerie und Lauchstange(n) hinzufügen und ebenfalls anbraten.

6. Ca. 1 Liter der Brühe eingießen, das Loorbeerblatt und etwas Pfeffer hinzugeben.

7. Alles ca. 30 Minuten weich kochen lassen (abhängig von der Größe der Würfel und der Festigkeit der Zutaten).

8. Das Lorbeerblatt entfernen und die Suppe mit dem Pürierstab mixen und je nach Bedarf die restliche Brühe hinzufügen.

9. Mit Muskatnuss, Pfeffer und Salz abschmecken.

10. Die Würstchen in heißem Wasser erwärmen (nicht kochen!), in Scheiben schneiden und in die Suppenteller geben.

11. Die Suppe einfüllen und jeweils etwas gehackte Petersilie und Crème fraîche hinzufügen.

Kürbiskernsuppe

Für die Suppe:

          1 kg Kürbis
1 mittlegroße Zwiebel
          2 Knoblauchzehen
          1 l Brühe (Gemüse)
        30 g Butter
     200 g Crème fraîche
       6 EL Kürbiskernöl
  2 Prisen Muskatnuss
             (frisch gemahlen)
             Pfeffer & Salz

Garnieren:

   1 Bund Petersilie
             (kleingehackt)
       8 EL Kürbiskerne
             (in Pfanne geröstet)

Für ca. 4 Personen (ca. 20 Min. + ca. 40 Min. Kochzeit)

1. Den Kürbis auf- und in Scheiben schneiden, die Kerne entfernen und die Stücke ca. 20 Min. bei 200°C im Ofen braten.

2. Währenddessen die Zwiebeln und den Knoblauch hacken und in einem großen Topf mit der Butter andünsten (anbraten).

3. Das Kürbisfleisch auslösen und mit in den Topf geben.

4. Die Brühe hinzugeben und ca. 40 Min kochen lassen.

5. Einen Großteil der Crème fraîche und die Gewürze hinzugeben und das Ganze mit dem Pürierstab mixen.

6. 4 EL Kürbiskernöl unterrühren und abschmecken (würzen).

7. Auf die Teller verteilen, jeweils etwas Crème fraîche und 1 EL Kürbiskernöl hinzugeben und mit der gehackten Petersilie und den Kürbiskernen garnieren.

Kartoffelsalat

Für ca. 4 Personen (ca. 50 Min., 20 Min. Kochz. und min. 3 h St.)

1 kg	Pellkartoffeln
100 ml	Gurkenflüssigkeit
100 ml	Sonnenblumenöl
50 ml	Weißweinessig
3 TL	Zucker
2 TL	Senf (mittelscharf)
1	Apfel (sauer)
8 große	Gewürzgurken
1 große	Zwiebel
3	Knoblauchzehen
1 EL	Kümmel
	Pfeffer & Salz

Garnieren:

1 Bund	Frühlingszwiebeln
1 Bund	Schnittlauch

1. Die Kartoffeln mit jeweils 1 EL Salz und Kümmel kochen.

2. Abgießen, mit kaltem Wasser abschrecken, abkühlen und pellen.

3. Währenddessen Gurkenwasser, Zucker, Essig, Öl und Senf, etwas Salz sowie die klein gehackte Zwiebel und den gehackten Knoblauch in einem verschließbaren Glas zur Marinade schütteln.

4. Die Gurken in Scheiben und den Apfel in kleine Stücke schneiden.

5. In eine große Schüssel jeweils abwechselnd die in Scheiben geschnittenen Kartoffeln, die Gurken und den Apfel sowie dazwischen immer ein paar Löffel der Marinade und noch etwas Salz und Pfeffer füllen.

6. Danach muss der Salat mindestens drei Stunden (am besten über Nacht) im Kühlschrank stehen und durchziehen.

7. Gut durchmischen und die Teller mit den in Scheiben geschnittenen Frühlingszwiebeln sowie der gehackten Petersilie garnieren.

Lässt sich beispielsweise gut mit Würstchen oder Fisch essen.

Gemischter Salat

<table>
<tr><td>

Für den Salat:

</td><td>

Für ca. 4 Personen (ca. 25 Min.)

</td></tr>
</table>

1	Kopfsalat
	Zus. Salatsorten
	(nach Wunsch/Saison)
1 große	Paprika (rot)
1 Bund	Radieschen
2	Karotten
1	Apfel
	(auch Granatapfel)
1	Gurke
2-3	Tomaten
3	Knoblauchzehen
	(klein gehackt)

Dressing:

5 EL	Olivenöl
2 EL	Kürbiskernöl
2 EL	Balsamico
1 Bund	Petersilie
	(kleingehackt)
	Pfeffer & Salz

1. Den Salat waschen, trocknen (Salatschleuder), in kleinere Stücke zupfen und in eine große Salatschüssel geben.

2. Die Karotten, die Gurke und den Apfel waschen, schälen (bzw. beim Apfel vorher entkernen), in kleine Scheiben bzw. Stücke schneiden und hinzugeben.

3. Genauso Paprika (waschen und entkernen) und Tomaten (waschen, grüne Enden herausschneiden) in Scheiben schneiden und mit den klein geschnittenen Knoblauchzehen hinzugeben.

4. Nun Olivenöl, Kürbiskernöl und Balsamico (evtl. noch ein Spritzer Zitrone und eine Prise Zucker hinzugeben) auf den Salat geben, Salz und Pfeffer hinzugeben und alles kräftig vermischen.

5. Salat auf die Teller verteilen und mit der gehackten Petersilie garnieren.

Karottensalat

Für den Salat:

4-5 Karotten
1/2 Zitrone
1 Spritzer Olivenöl
1-2 EL Zucker

Für ca. 4 Personen (ca. 10 Min.)

1. Die Karotten waschen, schälen und dann mit der Gemüsereibe in eine Schüssel reiben.
2. Die halbe Zitrone ausdrücken und den Saft über die Karotten geben.
3. Das Olivenöl und den Zucker hinzugeben
4. Alles gut vermischen und servieren.

Hausgemachter Kartoffelbrei

Für ca. 4 Personen (ca. 20 Min. + ca. 25 Min. Kochzeit)

1,5 kg Kartoffeln
50 g Butter
50 ml Milch
2 Prisen Muskatnuss
(frisch gemahlen)
Pfeffer & Salz

Garnieren:

1 Bund Petersilie
(kleingehackt)

1. Kartoffeln schälen, in kleine Würfel schneiden (kürzere Garzeit!) und in einem Kochtopf kochen bis sie weich sind.
2. Abschütten und abtropfen lassen und dann in eine Schüssel geben und dort mit einem Kartoffeldrücker zerdrücken.
3. Die Milch und die Butter (in kleinen Stücken) hinzugeben, alles vermischen und dann mit dem Kartoffeldrücker zerdrücken.
4. Muskatnuss, Pfeffer und Salz hinzufügen, vermischen und abschmecken.
5. Auf die Teller verteilen, mit der gehackten Petersilie garnieren.

Steak mit Brokkoli und Süßkartoffeln

Zutaten: *Für ca. 4 Personen (ca. 45 Min. und 40 Min. Kochzeit)*

600 g	Rindersteak
	(ca. 150 g/Person)
3 große	Süßkartoffeln
800 g	Brokkoli
4	Knoblauchzehen
	(in Scheiben geschn.)
75 ml	Olivenöl
60 g	Butterschmalz
150 g	Crème fraîche
	Rosmarin
	Pfeffer & Salz

1. Die in (ca. 1,5 cm dicke) Scheiben geschnittenen Rindersteaks vorab in eine Marinade aus Olivenöl, geschnittenen Knoblauchzehen sowie Pfeffer und Salz einlegen und kühlstellen.

2. Die Süßkartoffeln waschen, schälen, in lange Streifen schneiden und auf ein mit Backpapier ausgelegtes Backblech verteilen.

3. Mit Pfeffer und Salz bestreuen, etwas Rosmarin hinzufügen und mit Olivenöl übergießen.

4. Im Herd auf 210 °C (Umluft/Oberhitze) ca. 40 Minuten backen.

5. Den Stil des Brokkolis entfernen, die Röschen waschen und abtropfen lassen und dann ca. 5-6 Minuten in Salzwasser kochen.

6. Die Rindersteaks (jeweils 2 Stück) in einer großen Pfanne mit erhitztem Butterschmalz bei sehr großer Hitze (180 °C) auf jeweils einer Seite kurz (jeweils 1 Minute) anbraten, daraufhin bei mittlerer Temperatur je nach Geschmack 2-5 Minuten weiterbraten.

7. Fleisch herausnehmen und in das Bratenfett etwas Crème fraîche mischen und als Soße über die Steaks geben.

8. Den gewürzten Brokkoli und die Süßkartoffeln hinzufügen.

Käsespätzle mit Röstzwiebeln

Für den Teig:

350 g Mehl
2 Eier
1/2 Tasse Wasser
1 Prise Salz

Zusätzlich:

3 Zwiebeln
300 g Käse, gerieben
(z.B. Emmentaler)
50 g Butter

Für ca. 4 Personen (ca. 40 Min.)

1. Die Zutaten für den Teig in eine Rührschüssel geben und verrühren, bis ein zähflüssiger Teig entsteht.
2. Den Teig in einen Spätzlehobel füllen und in einen Topf mit kochendem Salzwasser hobeln.
3. Sobald die Spätzle an der Wasseroberfläche erscheinen, entweder abschöpfen oder in ein Sieb schütten.
4. Die Zwiebeln schälen, in Ringe schneiden, in Mehl wenden.
5. Die Spätzle mit der halben Butter und dem geriebenen Käse anbraten. Daraufhin die Zwiebelringe mit der restlichen Butter ganz knusprig anbraten.
6. Die Spätzle mit den Zwiebelringen belegen und servieren.

Mit den Spätzle kann man z.B. einen gemischten Salat essen.

Blumenkohlauflauf

Für ca. 4 Personen (ca. 30 Min und 30 Min. Backzeit)

1 Kopf	Blumenkohl
200 ml	Milch
150 ml	Sahne
50 g	Butter
1 EL	Mehl
250 g	Käse, gerieben
	(z.B. Emmentaler)
1 Prise	Muskat
	Pfeffer & Salz

1. Den Stil des Blumenkopfs abschneiden und die Röschen in kochendem Salzwasser ca. 15-20 Min bissfest garen.

2. Nun den Blumenkohl in eine eingefettete Auflaufform geben.

3. Die Butter in einem Kochtopf verflüssigen und dann das Mehl hinzugeben und gut umrühren, bis eine homogene Masse entsteht.

4. Die Sahne und die Milch und ca. 50 g vom Käse hinzugeben und so lange bei mittlerer Hitze umrühren, bis eine zähflüssige Soße entstanden ist.

5. Die Soße mit dem Muskat, Pfeffer und Salz würzen.

6. Daraufhin die Soße über den ganzen Blumekohl verteilen.

7. Den restlichen Käse einheitlich auf den Blumenkohl geben.

8. Bei 180 °C (Umluft/Oberhitze) ca. 30 Minuten backen.

Rigatoni mit Tomatensoße

Für die Soße:

Für ca. 4 Personen (ca. 30 Min. und ca. 30 Min. Kochzeit)

800 g	Tomaten (in Stücken)
1 große	Zwiebel
150 g	Speck/Schinken
3	Knoblauchzehen
30 g	Butter
	Basilikum/Petersilie Majoran, Salz, Pfeffer

Zusätzlich:

500 g	Rigatoni
200 g	Parmesankäse (gerieben)

1. Die Zwiebel schälen und in kleine Würfel schneiden.
2. Den Speck/Schinken ebenfalls in kleine Stücke schneiden.
3. Butter in einer großen Pfanne erhitzen, Zwiebel und den klein geschnittenen Knoblauch hinzugeben.
4. Speck/Schinken hinzufügen und alles leicht anbraten.
5. Nun auch die (geschälten und in Stücke geschnittenen) Tomaten in die Pfanne geben und ca. 5 Minuten bei hoher und weitere ca. 15-20 Minuten bei mittlerwer Hitze köcheln lassen.
6. Basilikum/Petersilie klein hacken und in die Soße geben.
7. Mit Majoran sowie Pfeffer und Salz abschmecken.
8. Rigatoni in kochendem Salzwasser bissfest (al dente) kochen.
9. Die Soße und den geriebenen Parmesankäse auf die fertigen Rigatoni verteilen.

Spaghetti al pesto

Für die Soße:

100 Blätter	Basilikum
3	Knoblauchzehen
4 EL	Pinienkerne
40 g	kalte Butter
80 g	Olivenöl
80 g	Parmesankäse
	Pfeffer & Salz

Zusätzlich:

150 g	Kartoffeln (geschält)
100 g	Bohnen (frisch, grün)
500 g	Spaghetti

Für ca. 4 Personen (ca. 30 Min. und ca. 8 Min Kochzeit)

1. Den Knoblauch schälen, in Scheiben schneiden und mit den Pinienkernen in einem Mörser zerstampfen.
2. Das Basilikum waschen, trocknen, kleinschneiden und mit der Butter, dem Knoblauch und den Pinienkernen pürieren.
3. Den Käse reiben und mit dem Olivenöl einrühren.
4. Mit Pfeffer und Salz gut abschmecken und mischen.
5. Die (geschälten) Kartoffeln in dünne Scheiben schneiden.
6. Einen großen Topf mit Salzwasser zum Kochen bringen.
7. Spaghetti, Kartoffeln und (optional) Bohnen im Topf garen (zwischendurch immer wieder den Garpunkt testen).
8. Das Wasser abgießen und die Pestosoße unter die Spaghetti, Kartoffeln und Bohnen mischen.
9. Auf die Teller verteilen und noch etwas geriebenen Parmesankäse hinzugeben.

Spaghetti Carbonara

Für die Soße:

300 g	Speck/Schinken
4	Eigelb
150 ml	Sahne
2 EL	Olivenöl
150 g	Parmesankäse
	(gerieben)
	Pfeffer & Salz

Für die Pasta:

400 g	Spaghetti

Für ca. 4 Personen (ca. 10 Min.)

1. Salzwasser für Spaghetti aufsetzen, Spaghetti kochen, währenddessen:
2. Schinken/Speck in Würfel schneiden und in Öl anbraten.
3. Sahne, Eigelb und geriebenen Parmesankäse zusammenrühren, Pfeffer und Salz hinzugeben.
4. Die Sahne-, Ei- und Käsesoße schnell mit den bissfesten (al dente) und noch etwas feuchten Spaghetti und dem gebratenen Schinken/Speck kurz in der Pfanne vermischen.
5. Noch mal mit Pfeffer und Salz abschmecken und servieren.

Risotto mit Zucchini

Zutaten:

500 g Risottoreis
2 große Zucchini
4 mittelgroße Zwiebeln
3 Knoblauchzehen
1,5 L Brühe (Fleisch)
80 g Butter(-schmalz)
1 Bund Petersilie
(kleingehackt)
Majoran
Pfeffer & Salz

Zusätzlich:

150 g Parmesankäse
(gerieben)

Für ca. 4 Personen (ca. 40 Min. und ca. 45 Min. Kochzeit)

1. Die Zucchini waschen, die Enden entfernen und dann in kleine Würfel schneiden.

2. Die Zwiebeln und Knoblauchzehen schälen und ebenfalls in kleine Würfel schneiden.

3. In einer Pfanne die Hälfte der Butter erhitzen und die Hälfte der Zwiebeln andünsten, daraufhin den Knoblauch und die Zucchini hinzugeben und etwas durchbraten, bis sie bissfest sind.

4. Nun mit Majoran, Peffer und Salz gut würzen, die klein gehackte Petersilie hinzugeben und alles auf die Seite stellen.

5. In einer großen Pfanne die restlichen Zwiebeln mit der anderen Hälfte der Butter erhitzen, -sie sollen nicht braun werden.

6. Nun den gesamten Risottoreis hinzugeben und durchmischen.

7. Im Folgenden immer wieder 1-2 Schöpflöffel Brühe hinzufügen und umrühren, sodass der Reis leicht köchelt und nicht anbrennt, aber auch nicht vollständig mit Brühe bedeckt ist.

8. Sobald der Reis die gewünschte Bissfestigkeit hat (ca. 30 Min.), die Zucchini und den Reis in einem Kochtopf zusammenmischen.

9. Auf die Teller verteilen und noch etwas geriebenen Parmesankäse darüber verteilen.

Pizza mit selbstgemachtem Teig

Für den Teig:

500 g	Mehl
1 Würfel	Hefe
3 EL	Olivenöl
2 TL	Salz
1 TL	Zucker

Für die Soße:

800 g	Tomaten
	(in Stücken)
1 große	Zwiebel
3	Knoblauchzehen
30 g	Butter
	Majoran, Salz, Pfeffer

Für den Belag:

350 g	Käse
	(gerieben)
2 Pakete	Mozzarella
	Salamischeiben
	Schinken
	...

Für ca. 4-6 Personen (Zeit Teig ca. 25 Min. + 40 Min. Ruhezeit)

1. In einen Messbecher 300 ml warmes Wasser einfüllen.
2. Die Hefe in Bröseln hinzugeben,
3. Öl, Salz und Zucker hinzufügen und alles verrühren.
4. Ca. 10 Minuten gehen (stehen) lassen.
5. Nun das Ganze in eine Schüssel mit dem Mehl füllen.
6. Mit dem Knethaken des Rührgerätes ca. 2 Minuten kneten.
7. Mit den Händen weiterkneten, bis sich der Teig gut formen lässt.
8. Daraufhin die Schüssel mit einem Tuch bedecken und an einem warmen Ort ca. 30 Minuten ruhen lassen.
9. Den Ofen auf 230 °C (Umluft: 210 °C) vorheizen.
10. Die Hälfte des Teigs auf einem mit Mehl bedeckten Arbeitsbrett kreisförmig und möglichst dünn ausrollen oder auswalzen.
11. Nun den Teig auf ein mit Backpapier ausgelegtes Backblech legen und dort weiter in alle Ränder ausdrücken.
12. Den Teig mit Tomatensoße (s. hierzu „Rigatoni mit Tomatensoße") und geriebenem Käse (und Mozzarellascheiben) sowie je nach Wunsch mit Salami, Schinken, Oliven etc. belegen.
13. Die Pizza im vorgeheizten Ofen ca. 15-20 Min. backen (je nach Geschmack).

Pizzasoße vegetarisch

Für die Soße:

Für ca. 4 Personen (ca. 45 Min. und 45 Min. Kochzeit)

1 kg	Tomaten (in Stücken)
3	Karotten
1	Knollensellerie
2	Zwiebeln
3	Knoblauchzehen
40 g	Butter(-schmalz)
	Salbei, Basilikum Thymian, Rosmarin, Petersilie (frisch, gehackt)
	Pfeffer & Salz

1. Karotten und Sellerie waschen, schälen und ebenso wie die geschälten Zwiebeln und den Knoblauch in kleine Würfel schneiden.
2. Die Zwiebeln mit der Butter in einer großen Pfanne anbraten, den Knoblauch und dann Karotten und Sellerie hinzugeben.
3. Das Ganze etwas andünsten, dann die Tomaten hinzufügen.
4. Ungefähr eine dreiviertel Stunde köcheln lassen, die Gewürze hinzufügen und mit Pfeffer und Salz abschmecken.
5. Auskühlen lassen und auf den Pizzateig geben.

Lasagne Bolognese

<table>
<tr><td colspan="2">Für Bolognese:</td></tr>
<tr><td>500 g</td><td>Hackfleisch</td></tr>
<tr><td>800 g</td><td>Tomaten
(in Stücken)</td></tr>
<tr><td>1</td><td>Zwiebel</td></tr>
<tr><td>3</td><td>Knoblauchzehen</td></tr>
<tr><td>50 ml</td><td>Olivenöl</td></tr>
<tr><td></td><td>Petersilie
(frisch, gehackt)</td></tr>
<tr><td></td><td>Pfeffer & Salz</td></tr>
</table>

<table>
<tr><td colspan="2">Für Béchamel:</td></tr>
<tr><td>50 g</td><td>Mehl</td></tr>
<tr><td>40 g</td><td>Butter</td></tr>
<tr><td>500 ml</td><td>Milch</td></tr>
<tr><td>50 g</td><td>Käse
(gerieben)</td></tr>
<tr><td>1 Prise</td><td>Muskatnuss
(frisch gemahlen)</td></tr>
<tr><td></td><td>Pfeffer & Salz</td></tr>
</table>

<table>
<tr><td colspan="2">Zusätzlich:</td></tr>
<tr><td>350 g</td><td>Lasagneplatten</td></tr>
<tr><td>200 g</td><td>Käse (gerieben)</td></tr>
</table>

Für ca. 4 Personen (ca. 30 Min. und ca. 40 Min. Backzeit)

1. Das Hackfleich, die gehackten Zwiebeln und Petersilie in einem Kochtopf mit erhitztem Olivenöl anbraten.
2. Den klein geschnittenen Knoblauch und die Tomaten hinzugeben.
3. Offen ca. 30 Minuten kochen lassen und mit Pfeffer und Salz gut abschmecken.
4. In einem kleinen Topf die Butter schmelzen und mit dem Rührbesen das Mehl unterrühren, hellgelb anschwitzen lassen.
5. Nun die Milch dazugeben und die Béchamel-Soße gut rühren.
6. Den Käse unterrühren und ca. 30 Minuten leicht kochen lassen und dann mit Muskatnuss, Pfeffer und Salz abschmecken.
7. In eine eingefettete Auflaufform zuerst etwas Bolognese-Soße und dann immer wieder eine Schicht Lasagne-Platten, Bolognese-Soße und Béchamel-Soße einfüllen, bis die Auflaufform fast voll ist.
8. Die letzte Schicht soll die Béchamel-Soße sein, auf welche dann noch einheitlich der restliche Käse (und etwas Butter) verteilt wird.
9. Bei 180 °C (Umluft) im Backofen ca. 40 Minuten backen, bis die Oberfläche goldbraun geworden ist.

Handgemachte Gnocchi

Für Gnocchi:

1 kg	Kartoffeln
300 g	Mehl
1	Ei
1/2 TL	Salz
100 ml	Olivenöl

Für ca. 4 Personen (ca. 30 Min. und 30 Min. Kochzeit)

1. Die Kartoffeln schälen, in kleine Stücke schneiden und in Salzwasser weich kochen.
2. In eine Schüssel füllen, mit der Gabel zu einem Brei zerdrücken.
3. Das Ei hinzugeben und mit dem Mehl verkneten, leicht salzen.
4. Mehl hinzufügen, bis der Teig nicht mehr an den Fingern klebt.
5. Etwas Teig (in der Größe von einem Ei) nehmen und auf dem mit Mehl bedeckten Backbrett zu einer dünnen Rolle formen.
6. Mit dem Messer kleine ca. 1,5 cm lange Stücke abschneiden und mit dem Daumen (und etwas Mehl) ein wenig eindrücken.
7. Daraufhin die Gnocchi in einen großen Kochtopf mit kochendem Salzwasser werfen und (einige Minuten) warten bis sie wieder an der Oberfläche erscheinen bzw. dort schwimmen.
8. Die Gnocchi nun mit einem Schaumlöffel herausnehmen, abtropfen, in eine Schüssel füllen und etwas mit Öl mischen.
9. In einer Pfanne mit etwas Öl schwenken und mit einer Soße (s. hierzu z.B. „Rigatoni mit Tomatensoße") und geriebenem Parmesankäse servieren.

Pasta mit Zuckerschoten und Kirschtomaten

Für die Soße: *Für ca. 4 Personen (ca. 25 Min. mit ca. 20 Min. Kochzeit)*

2	Lauchzwiebeln	1. Die Lauchzwiebeln waschen, in dünne Ringe schneiden.
150 g	Zuckerschoten	2. Die Fäden der gewaschenen Zuckerschoten entfernen.
150 g	Kirschtomaten	3. Die Kirschtomaten waschen und halbieren.
3	Knoblauchzehen	4. Den Knoblauch schälen und klein hacken.
50 g	Olivenöl	5. Die Spaghetti in Salzwasser bissfest (al dente) kochen.
	Chilipulver	6. Währenddessen die Zuckerschoten mit dem Olivenöl
	Pfeffer & Salz	leicht anbraten und Knoblauch, Lauchzwiebeln und
		Kirschtomaten hinzufügen.

Zusätzlich:

7. Noch ein wenig weiter braten und mit dem Chili sowie Pfeffer und Salz abschmecken.

300 g	Spaghetti	8. Nun unter die gekochten Spaghetti untermischen und mit
80 g	Parmesankäse	etwas geriebenem Parmesankäse servieren.

Maledivisches Gemüse

Zutaten: *Für ca. 4 Personen (ca. 30 Min. und ca. 40 Min. Koch-/Backzeit)*

150 g Kartoffeln

150 g Aubergine

150 g (Moschus-)Kürbis

1 Zwiebel

3 Knoblauchzehen

50 ml Olivenöl

400 g Tomaten (in Stücken)

200 ml Kokosnusscreme

Curry, Chili (-Pulver)

Pfeffer & Salz

1. Den Kürbis auf- und in Scheiben schneiden, die Kerne entfernen und die Stücke ca. 20 Min. bei 200°C im Ofen braten.
2. Kartoffeln schälen, Aubergine waschen und Beides in kleine Würfel schneiden.
3. Die gehackte Zwiebel in einer mit Öl erhitzten Pfanne anbraten.
4. Das Currypulver und die gehackten Knoblauchzehen hinzufügen, etwas umrühren.
5. Den Kürbis sowie die Kartoffeln und die Aubergine hinzufügen, etwas kochen lassen und danach um die Tomaten ergänzen.
6. Ca. 20-30 Minuten köcheln lassen.
7. Mit Curry und Chili sowie Pfeffer und Salz gut abschmecken und mischen und zum Schluss die Kokosnusscreme ergänzen.

Lässt sich gut mit Reis oder Kartoffelbrei essen.

MarmorKuchen

Zutaten: *Für ca. 12 Personen (ca. 20 Min. und 40 Min. Backzeit)*

250 g	Butter
250 g	Zucker
1 Päckchen	Vanillinzucker
Geriebene	Zitronenschale
4-5	Eier
Prise	Salz
400 g	Mehl
1 Päckchen	Backpulver
50 ml	Milch
50 g	Kakaopulver
	Puderzucker

1. In einer Rührschüssel die weiche Butter in Stücken, den Vanillinzucker, ca. 200 g Zucker sowie die geriebene Zitronenschale mit einem Rührgerät umrühren.

2. Nach und nach die Eier unterrühren (jedes Ei ca. 1/2 Min.).

3. Das Mehl mit dem Backpulver durchmischen und dann ebenfalls in die Rührschüssel geben und mit der Prise Salz umrühren.

4. Nur so viel Milch hinzufügen, bis der Teig ganz langsam vom Löffel fällt.

5. Ca. 3/4 des Teiges in eine mit Butter und Mehl eingestrichene Guggelhupf-Springform einfüllen und gleichmäßig verteilen.

6. In den restlichen Teig das Kakaopulver, den restlichen (50 g) Zucker sowie ein wenig Milch füllen und noch mal umrühren.

7. Den dunklen Teig auf den hellen Teig geben und mit einer Gabel ein wenig vermischen bzw. untermischen.

8. Den Ofen (Umluft) auf 190 ° C vorheizen und den Kuchen für ca. 40 Minuten backen. In den letzten 10 Minuten mit einem Messer einstechen und prüfen, ob noch Teig hängen bleibt. Falls nicht, ist er (früher) fertig. Dann unbedingt rausnehmen.

Apfelkuchen mit Streuseln

Für den Teig:		*Für ca. 8 Personen (ca. 30 Min. und 45 Min. Backzeit)*

Für den Teig:

350 g	Mehl
200 g	Butter
150 g	Zucker
1 Päckchen	Vanillinzucker
1	Ei

Für den Belag:

5-6	Äpfel (sauer)
400 g	Apfelmus

Für die Streusel:

200 g	Mehl
150 g	Butter
100 g	Zucker
1 Prise	Salz
2 TL	Zimt
	Walnüsse

Für ca. 8 Personen (ca. 30 Min. und 45 Min. Backzeit)

1. In einer Rührschüssel die weiche Butter in Stücken, das Mehl, den (Vanillin-) Zucker sowie das Ei mit einem Rührgerät mit Knethaken umrühren und mit den Händen kneten.
2. In eine mit Backpapier ausgelegte Springform den Teig gleichmäßig verteilen und an den Rändern nach oben drücken.
3. Die Äpfel entkernen, schälen und in kleine Würfel schneiden.
4. In einer Schüssel mit dem Apfelmus verrühren und anschließend gleichmäßig auf dem Teig in der Springform verteilen.
5. Für die Streusel die Butter in einem kleinen Kochtopf schmelzen und dann in eine Rührschüssel mit Mehl, Zucker, Zimt, klein geschnittenen Walnüssen und der Prise Salz geben und vermischen.
6. Die Masse über die Apfelfüllung verteilen, indem man sie dabei zwischen den Fingern in kleine Stücke zerdrückt.
7. Den Ofen (Umluft) auf 175 ° C vorheizen und den Kuchen für ca. 45 Minuten backen.

Schokoladenkuchen

Zutaten: *Für ca. 8 Personen (ca. 20 Min. und 40 Min. Backzeit)*

300 g Schokolade
(70% Kakaoanteil)

200 g Butter

150 g Zucker

50 g Mehl

5 Eier

1. In einem Wasserbad die in Stücke gebrochenen Schokoladetafeln mit der Butter langsam schmelzen lassen.

2. Den Zucker hinzufügen und zu einer einheitlichen Masse verrühren. Etwas abkühlen lassen.

3. Die Eier aufschlagen und in zwei Schüsseln in Eiweiß und Eigelb (Eidotter) trennen.

4. Eigelb (Eidotter) zur Schokoladenmasse geben und auch das Mehl mit unterrühren.

5. Nun das Eiweiß mit einem Schneebesen (oder Rührgerät) zu steifem Eischnee schlagen und ebenfalls in den Teig untermischen.

6. Den Boden einer Backform mit Backpapier auslegen und den Teig in die Form einfüllen.

7. Den Ofen (Umluft) auf 150 ° C vorheizen und den Kuchen für ca. 45 Minuten backen.

Zwetschgendatschi

Für den Teig:

350 g	Mehl
50 g	Butter
50 g	Hefe (frisch)
100 g	Zucker
1 TL	Vanillinzucker
1	Ei
200 ml	Milch
1 Prise	Salz
Geriebene	Zitronenschale

Für den Belag:

1,5 kg	Zwetschgen
	Zimt

Für die Streusel:

300 g	Mehl
200 g	Butter (kalt)
250 g	Zucker
1 TL	Vanillinzucker
2 TL	Zimt

Für ca. 12 Personen (ca. 30 Min. und 40 Min. Backzeit)

1. In einer kleinen Schüssel einen Vorteig aus 100 ml warmer Milch, der Hefe, einem TL Zucker und 3 EL Mehl herstellen und an einem warmen Ort zugedeckt etwas (10 Min.) gehen lassen.
2. Die Stile der Zwetschgen entfernen, dann die Zwetschgen waschen, mit einem Messer halbieren und entkernen.
3. In einer Rührschüssel die restlichen Zutaten für den Teig und den (Hefe-)Vorteig geben und mit einem Rührgerät mit Knethaken umrühren bis er Blasen wirft. Dann wieder an einem warmen Ort zugedeckt liegen lassen, bis sich die Höhe verdoppelt hat.
4. Auf ein mit Backpapier ausgelegtem Backblech den Hefeteig ausbringen und gleichmäßig verteilen. Die Zwetschgen gleichmäßig auf dem Teig verteilen und mit Zimt bestäuben.
5. Für die Streusel in einer Rührschüssel Mehl, (Vanille-)Zucker, Zimt und die kalten Butterstücke geben und verkneten.
6. Die Masse über die Zwetschgen verteilen, indem man sie dabei zwischen den Fingern in kleine Stücke zerdrückt.
7. Den Ofen (Umluft) auf 190 ° C vorheizen und den Zwetschgendatschi für ca. 40 Minuten backen.

.